ANIMAIS da FAZENDA

Ciranda Cultural

RESOLVA AS CONTAS.

A

= ☐

B

= ☐

C

= ☐

RESPOSTA: A - 4; B - 3; C - 1.

DESVENDE A MENSAGEM SECRETA SUBSTITUINDO OS CÓDIGOS PELAS LETRAS.

RESPOSTA: HÁ VÁRIOS ANIMAIS NA FAZENDA.

É HORA DE VOCÊ MOSTRAR SUAS HABILIDADES ARTÍSTICAS.
DESENHE E PINTE UMA CENA DA FAZENDA.

LIGUE OS CONJUNTOS QUE TÊM A MESMA QUANTIDADE DE ELEMENTOS.

RESPOSTA: 1 - C; 2 - A; 3 - B.

PINTE A IMAGEM DE ACORDO COM A LEGENDA DE CORES.

1 2 3 4

OBSERVE AS PARTES EM DESTAQUE E LIGUE A QUAIS ANIMAIS ELAS CORRESPONDEM.

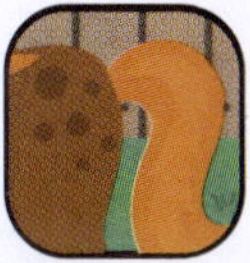

1

2

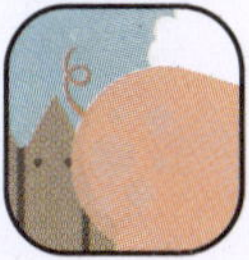

3

A

B

C

RESPOSTA: 1 - C; 2 - A; 3 - B.

LIGUE OS ANIMAIS AOS SEUS FILHOTES.

1

A

2

B

3

C

RESPOSTA: 1 - C; 2 - B; 3 - A.

PINTE A QUANTIDADE INDICADA DOS ELEMENTOS DE CADA CONJUNTO.

2

3

OBSERVE AS IMAGENS ABAIXO. COMPLETE OS NOMES COM AS VOGAIS QUE FALTAM E, DEPOIS, ESCREVA O NOME DE CADA ANIMAL.

A  P___T___

____

B  C___BR___

____

C  G___L___

____

D  P___R___

____

RESPOSTA: A - PATO; B - CABRA; C - GALO; D - PERU.

PINTE AS PARTES QUE CONTÊM PONTOS
E DESCUBRA O QUE APARECE.

PREENCHA A CRUZADINHA COM OS NOMES RELACIONADOS AO MUNDO DA FAZENDA.

RESPOSTA: 1 - CELEIRO; 2 - CABRA; 3 - POMAR; 4 - COELHO ; 5 - GRAMA.

LIGUE CADA ANIMAL AO LOCAL CORRETO.

1

A

2

B

3

C

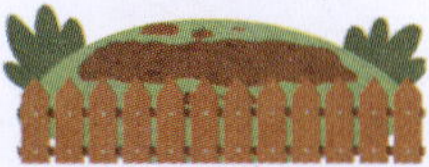

RESPOSTA: 1 - C; 2 - A; 3 - B.

CONTE QUANTOS ANIMAIS DE CADA HÁ ABAIXO E ESCREVA NOS ESPAÇOS.

A

__________ ABELHAS.

B

__________ PÁSSAROS.

C

__________ BORBOLETAS.

RESPOSTA: A - 3; B - 2; C - 6.

ENCONTRE E FAÇA UM X NAS CINCO DIFERENÇAS ENTRE AS CENAS.

RESPOSTA NA PÁGINA 24.

FAÇA UMA BELA PINTURA E DEIXE A CENA BEM BONITA.

LIGUE OS PONTOS PARA COMPLETAR A IMAGEM E DEPOIS CAPRICHE NA PINTURA.

PERCORRA O CAMINHO QUE LEVA O PINTINHO ATÉ A GALINHA.

RESPOSTA NA PÁGINA 24.

COMPLETE O DESENHO DA GALINHA NA MALHA QUADRICULADA E DEPOIS PINTE-O.

CONTE QUANTOS ANIMAIS DE CADA HÁ NO CAMPO E ESCREVA AS QUANTIDADES NOS QUADRINHOS.

A ______ OVELHAS.

B ______ PORCOS.

C ______ VACA.

RESPOSTA: A - 3; B - 2; C - 1.

ENCONTRE NO DIAGRAMA OS NOMES DOS ANIMAIS ABAIXO.

OVELHA

CAVALO

VACA

PORCO

O	V	E	L	H	A	Q	V	W	H
B	N	A	V	N	F	T	A	J	A
B	A	C	A	R	V	U	C	N	P
V	Y	J	N	G	T	J	A	M	O
T	H	M	Q	A	L	A	R	V	R
C	A	V	A	L	O	A	F	D	C
G	J	O	F	U	J	B	H	I	O
T	K	F	J	L	O	R	C	O	K

RESPOSTA NA PÁGINA 24.

CIRCULE O ANIMAL E O ALIMENTO CORRESPONDENTE. PARA ISSO, UTILIZE UMA COR PARA CADA DUPLA DE ANIMAL E COMIDA.

RESPOSTA NA PÁGINA 24.

OBSERVE AS IMAGENS E CIRCULE O ÚNICO ANIMAL QUE NÃO TEM PAR.

RESPOSTA: PERU.

LIGUE AS IMAGENS ÀS SOMBRAS CORRESPONDENTES.

RESPOSTA: 1 - C; 2 - A; 3 - B.

RESPOSTAS

PÁGINA 14

PÁGINA 17

PÁGINA 20

O	V	E	L	H	A	Q	V	W	H
B	N	A	V	N	F	T	A	J	A
B	A	C	A	R	V	U	C	N	P
V	Y	J	N	G	T	J	A	M	O
T	H	M	Q	A	L	A	R	V	R
C	A	V	A	L	O	A	F	D	C
G	J	O	F	U	J	B	H	I	O
T	K	F	J	L	O	R	C	O	K

PÁGINA 21